LIÇÕES PARA
ANGELITA

Francisco Cândido Xavier

Pelo espírito João de Deus

Organização: João Marcos Weguelin

VINHA DE LUZ
SERVIÇO EDITORIAL

Belo Horizonte
2016

EDIÇÃO: Vinha de Luz – Serviço Editorial | Departamento Editorial da Casa de Chico Xavier
Av. Álvares Cabral, 1777 | 20º andar | Sala 2006 | Santo Agostinho | 30170-001 | Belo Horizonte | MG
(31) 2531-3200 | 2531-3300 | 3517-1573
www.vinhadeluz.com.br – informacoes@vinhadeluz.com.br
www.casadechicoxavier.com.br – informacoes@casadechicoxavier.com.br

COORDENAÇÃO EDITORIAL | Célia Maria de Oliveira Soares – Geraldo Lemos Neto

CAPA | Célia Maria de Oliveira Soares – ILUSTRAÇÃO DA CAPA | ILUSTRAÇÕES | Adriano Alves

FOTOGRAFIA DA ORELHA | In: <http://pt.wikipedia.org/wiki/Ficheiro:Joao_de_Deus_Ramos.jpg>. Acesso em: 15 jan. 2012.

FOTOGRAFIA DA DEDICATÓRIA | Acervo da Casa de Chico Xavier – Pedro Leopoldo – Minas Gerais.

FOTOGRAFIA DA EPÍGRAFE | Acervo de Geraldo Lemos Neto – Belo Horizonte – Minas Gerais.

FOTOGRAFIA DA PÁGINA 18 | In: <http://3.bp.blogspot.com/-mg8P6pyh5Pw/Tilg4iKHe-I/AAAAAAAAAhE/-K5HsGDWyGQ/s1600/ Joao de Deus.jpg>. Acesso em: 15 jan. 2012.

PROJETO GRÁFICO | DIAGRAMAÇÃO | REVISÃO TÉCNICO-CIENTÍFICA | Célia Maria de Oliveira Soares

1ª edição – junho 2012, 2.000 exemplares | 2ª edição – dezembro 2016, 2.000 exemplares

Dados Internacionais de Catalogação na Publicação (CIP)
(Câmara Brasileira do Livro, SP, Brasil)

Deus, João de (Espírito).
    Lições para Angelita / pelo espírito João de Deus ; psicografado por Francisco Cândido Xavier ; organização João Marcos Weguelin. - - 2. ed. - - Belo Horizonte : Vinha de Luz, 2016.

Inclui bibliografia
ISBN : 978-85-63716-32-3

    1. Espiritismo 2. Espiritismo - Literatura infanto-juvenil 3. Evangelho 4. Mediunidade 5. Psicografia I. Xavier, Francisco Cândido, 1910 - 2002 II. Weguelin, João Marcos. III. Título.

17-00597   CDD - 028.5

Índices para catálogo sistemático :

1. Espiritismo : Literatura infantil   028.5
2. Espiritismo : Literatura infanto-juvenil   028.5

Dedicado a
Cidália Xavier de Carvalho

Nos 10 anos da desencarnação de

Francisco Cândido Xavier

2002 | 2012

Sumário

Prefácio –

Passados
86 anos...

Chico Xavier tinha 20 anos, em 1930, quando uma mãe e uma filha chegaram para marcar a sua vida. Não uma mãe e uma filha de carne e osso, como as muitas que procuravam o médium mineiro em busca de um alimento, de uma roupa, de uma palavra de esclarecimento e de ajuda. Essa mãe e essa filha chegaram em forma de verso, nas mensagens que Chico Xavier psicografou do mundo dos espíritos, nos primeiros anos da sua mediunidade. A encantadora menina se chamava Angelita.

Ao longo dessas vinte mensagens a mãe de Angelita vai ensinando a filha sobre a vida, com a doçura e o carinho de uma mãe amorosa. Ela faz isso a partir do dia a dia da própria Angelita, mas também através das perguntas que a menina faz a ela.

Angelita quer saber por que os venturosos caminham lado a lado com os andrajosos – a mãe explica. Angelita quer entender o que é a consciência – a mãe responde. Angelita pergunta se existe um céu todo em flor e um inferno onde uma dor seja eterna – a mãe ensina que não. Angelita quer ganhar um pássaro cantor e a mãe mostra para ela que o pássaro tem amor e deve viver em liberdade.

Quando Angelita não pergunta, a mãe vai ensinando também. Conversa sobre valores que são muito importantes na vida, como a bondade, o bom coração, a virtude e a esperança. Fala de tudo aquilo que Angelita deve afastar de sua vida, como a intolerância e a maledicência. Explica que a morte é apenas passagem e que o sofrimento é luzeiro abençoado em nosso aperfeiçoamento. Apresenta Jesus como o nosso modelo e mostra a ela a grandeza do amor.

As lições da mãe amorosa para a filha encantadora são um baú de sabedoria, não só para crianças e jovens, mas para todas as pessoas. São a receita segura para a construção do homem de bem, que é uma meta que todos devem buscar.

As mensagens deste livro foram mandadas para um jornal do Rio de Janeiro, chamado *Aurora*. E Chico Xavier nunca mais soube delas. Mas também delas nunca se esqueceu. Na época, ele não sabia o nome do espírito que havia ditado as mensagens, pois estava ainda iniciando na psicografia. Anos depois, já médium experiente, descobriu que as mensagens deste livro foram ditadas pelo poeta português João de Deus, que o próprio Chico Xavier definiu como um dos maiores líricos da língua portuguesa.[1] Desejou muito reencontrá-las, sem sucesso. Quis muito publicá-las em forma de livro. Mas nunca conseguiu realizar esse seu desejo.

Passados tantos anos, finalmente podemos publicar esta obra como era o desejo do inolvidável médium mineiro, rendendo esta singela homenagem àquele que dedicou toda a sua vida ao próximo e representou, de forma ímpar, o verdadeiro homem de bem.

João Marcos Weguelin
Organizador

[1] XAVIER, Francisco Cândido. *Parnaso de além-túmulo*. Ditado por espíritos diversos. Rio de Janeiro: FEB, 1932.

Introdução –
Uma história dentro da história

Os originais do livro *Chico Xavier – A aurora de uma vida entre o céu e a Terra*, organizado por João Marcos Weguelin, chegaram em minhas mãos no dia 10 de janeiro de 2012. Nessa data, iniciei a leitura para me inteirar do seu conteúdo com o propósito de já tomar as primeiras providências acerca dos processos rotineiros na confecção de um livro.

Sou a profissional responsável pela coordenação de todas as obras da Vinha de Luz Editora desde a sua fundação, em 2004. Assim sendo, tenho como responsabilidade a avaliação das obras em sua organização geral e, por isso mesmo, natural que conheça a fundo todas as que por nós já foram publicadas.

Pois bem: nessa leitura inicial dos primeiros textos do livro me deparei com a beleza do primeiro poema da série "Lições para Angelita" e a partir do terceiro eu já estava com o propósito firme de ler todos os vinte. E assim o fiz, entre emocionada e enlevada com a maravilha e a profundidade dos versos, e com a sensibilidade do jovem Francisco Cândido Xavier.

Lá pelo quinto poema eu já concluíra que os vinte textos poderiam compor um livro voltado à evangelização infantil. Na minha cabeça, cheguei a ver o livro pronto, totalmente ilustrado, como o *Chiquito*, de autoria da portuguesa Julieta Marques, lançado por nós em 2009. Quanto mais avançava na leitura dos poemas para Angelita mais convicta me sentia para sugerir ao Geraldo Lemos Neto, nosso editor, que fizéssemos um outro livro derivado do primeiro.

No dia seguinte, escrevi a ele sobre o assunto, que concordou de pronto! O próximo passo, conforme o combinado, era pedir ao organizador da obra a devida autorização para a publicação de um outro livro.

Acontece que nesse ínterim ocorreu algo digno de nota. Eu me lembrei de que em 2010, quando trabalhava na formatação do livro *O voo da garça*, do pedroleopoldense Jhon Harley, uma "fala" do Chico chamou a minha atenção. Trata-se de um trecho de uma carta dele ao presidente da Federação Espírita Brasileira (FEB), constante do livro *Testemunhos de Chico Xavier*, de Suely Caldas Schubert, que o Jhon reproduziu à p. 212 do seu lindo *O voo da garça*. Nessa carta, Chico fala sobre os trabalhos psicográficos enviados aos jornais da época, no início da sua mediunidade, trabalhos ainda assinados por "F. Xavier", os quais, depois, identificou devidamente, sendo que alguns, enviados ao *Aurora* entre os anos 28 a 30, ele nunca mais teve acesso, sequer às cópias. Nessa correspondência, ele pergunta ao seu destinatário se é possível obter os exemplares do jornal para revisar os textos e assiná-los corretamente, já que sabia a autoria de vários dos poemas publicados.

Tal informação muito me comoveu. Fiquei pensando na situação do Chico, na vontade dele de rever aquele material "perdido", e no seu pesar – sim, a gente sente um pesar grande vindo dessa "fala", e uma certa tristeza. Por causa disso, nunca mais me esqueci do assunto – ficou dentro do meu coração e da minha memória.

Comentei com o Geraldo sobre tudo naquela época e também com D. Wanda Amorim Joviano. Por aqueles dias, ela havia me ligado para tratar de assuntos referentes ao *Colheita do bem*, livro em produção, e para falar de algumas mensagens de João de Deus que ela havia encontrado, psicografias do Chico ainda inéditas. Aí pensei: não serão essas as mensagens perdidas do Chico? Na sequência, contei ao Geraldo e ele me esclareceu: "Célia, as mensagens em poder de Wanda Joviano são de João de Deus, o padre, e Chico se referiu a João de Deus, o poeta português".

Assim como fiz para que João Marcos Weguelin se inteirasse da importância histórica e doutrinária deste livro organizado por ele, reproduzo a seguir o trecho da carta mencionado para a sua leitura. Ele arremata meu relato, comprovando que a Espiritualidade Maior orienta, invariavelmente, todos aqueles que estão envolvidos nas tarefas do livro espírita e na divulgação do Evangelho do Cristo, não importando a passagem do tempo e o lugar em que estejamos situados.

Para todos nós da Vinha de Luz – colaboradores e organizador –, materializar esta obra, ainda inédita em termos editoriais, e passados 80 anos da recepção mediúnica destes textos pelo maior médium de todos os tempos configura uma felicidade inenarrável e sem tamanho!

Afinal, realizar um desejo de Chico Xavier, nestes 10 anos de sua desencarnação, é uma bênção do Alto que agradecemos de coração e alma transbordantes de alegria!

"(...) Aquele soneto, cuja cópia me enviaste (lembro-me bem) é de Anthero de Quental. É da coleção que o José, meu irmão, distribuiu por várias publicações, colocando 'F. Xavier', no intuito de estimular-me ao 'futuro literário', como dizia ele. Escrupulosamente, registrava as produções que eu ouvia ou escrevia quase que automaticamente, sem pôr os nomes dos verdadeiros autores, que só se evidenciaram plenamente aos meus sentidos de 1931 para cá, quando então as minhas dúvidas, para minha felicidade, começaram a se extinguir para sempre. Nesse sentido, há todo um livro de versos para crianças, intitulado 'Lições de Angelita', que ouvi de João de Deus e que o José enviou ao 'Aurora', de Ignácio Bittencourt, com o nome 'F. Xavier'. Foi publicado em números sucessivos, não sei bem se em 1928-1929 ou 1930. Desse livro que, no tempo, me pareceu interessante, não mais vi a cópia. Será que a gente poderia obter isso, isto é, os números de 'Aurora', na Biblioteca da FEB? Estimaria rever o mencionado trabalho que, em 1931, fiquei sabendo ser de João de Deus. (...) Nas coleções de 'Aurora', de 1928 a 1932, há numerosos trabalhos do espírito João de Deus, cuja autoria somente pude reconhecer, mediunicamente, em 1931. Não conseguiríamos as coleções dos anos referidos para que eu pudesse fazer um reestudo e minuciosa vistoria? (...)" (SCHUBERT, 1986, p. 331-332).[1]

Célia Soares
Coordenadora editorial – Vinha de Luz Editora

[1] HARLEY, Jhon. *O voo da garça* – Chico Xavier em Pedro Leopoldo | 1910-1959. 3. ed. Belo Horizonte: Vinha de Luz, 2013.

Um pouquinho de Chico Xavier

Francisco Cândido Xavier, mais conhecido como Chico Xavier, nasceu em Pedro Leopoldo, Minas, Gerais, em 2 de abril de 1910, e faleceu em Uberaba, também em Minas Gerais, em 30 de junho de 2002.

Foi o mais famoso médium espírita, tendo publicado mais de 400 livros em vida. Dezenas de outros livros já foram editados após a sua desencarnação. Com este, o LIÇÕES PARA ANGELITA, são exatamente 497 obras já publicadas no total.

Na época em que as mensagens desta obra foram publicadas no jornal *Aurora*, entre 1 de janeiro e 16 de outubro de 1930, Chico Xavier tinha apenas 20 anos e era praticamente desconhecido no Brasil. Somente dois anos depois, em 1932, ele publicaria o seu primeiro livro, o *Parnaso de além-túmulo*.

Um pouquinho de João de Deus

João de Deus de Nogueira Ramos nasceu em São Bartolomeu de Messines, Portugal, em 8 de março de 1830, e desencarnou em Lisboa, em 11 de janeiro de 1896.

Foi um eminente poeta lírico, um dos primeiros de sua época. Seu trabalho está reunido nas obras *Flores do campo* (1868), *Folhas soltas* (1876) e *Campo de flores* (1893). Foi autor de fábulas e traduziu textos para o teatro. Sua produção em prosa foi reunida na coletânea *Prosas*. Sua obra mais importante foi *Cartilha maternal*, em que apresentava um método destinado a ajudar na aprendizagem da leitura a crianças. Publicou também o *Dicionário prosódico de Portugal e Brasil* (1870), entre vários outros títulos.

João de Deus é o autor espiritual de *Jardim da infância*, psicografado pelo médium Chico Xavier e publicado pela FEB em 1947.

Suas mensagens estão espalhadas por diversos livros de Chico Xavier, tais como *À luz da oração*, *Antologia da criança*, *Antologia mediúnica de Natal*, *Coletânea do Além*, *Esperança e vida*, *Lira imortal*, *Mãe*, *Parnaso de além-túmulo*, *Poetas redivivos* e em muitas outras obras. Muitas são para crianças e muitas delas parecidas com as da Angelita, porém citando outros nomes, até de uma menina chamada Angelina!

Fonte compulsada: <http://pt.wikipedia.org/wiki/Joao_de_Deus_de_Nogueira_Ramos>. Acesso em: 15 jan. 2012.

O jornal "Aurora"

O jornal *Aurora* foi o maior jornal espírita do seu tempo, talvez até de todos os tempos! Biografias informam incorretamente que a sua fundação ocorreu em 1912, o que não é verdade. O jornal foi fundado em 1 de maio de 1913, por Inácio Bittencourt.

A redação do *Aurora* ficava na Rua Voluntários da Pátria, 18, Botafogo, na cidade do Rio de Janeiro. Era composto de quatro páginas e sua periodicidade era quinzenal.

Inácio Bittencourt não assinava nenhuma matéria, mas, no entanto, era redator e gerente do jornal e, provavelmente, era o autor do texto de abertura do *Aurora* e de vários outros.

Em 1919, o jornal tinha uma tiragem de quatro mil exemplares. No ano seguinte passou para dez mil e depois de mais um ano passou para vinte mil exemplares. Sua maior circulação foi atingida entre 1928 e 1933, quando chegou a uma tiragem quinzenal de quarenta mil exemplares.

A publicação teve como colaboradores Vinícius (Pedro de Camargo) e Viana de Carvalho. Nele também encontramos matérias de Guerra Junqueiro, Leopoldo Cirne, Cairbar Schutel, Carlos Imbassahy e Coelho Netto. Adelaide Câmara, por sua vez, publicou a sua obra *Flores do céu* no jornal.

Foram publicadas mensagens dos mais diversos espíritos: Tomás de Aquino, Victor Hugo, Cáritas, Pedro, o apóstolo, Léon Denis, Thereza D'Ávila, João Evangelista, Erasto, Vicente de Paula, Tereza de Jesus, Artur Azevedo, entre outros.

Não se sabe ao certo quando o *Aurora* deixou de circular. Provavelmente, isso deve ter ocorrido nos anos 40 do século passado.

É possível consultar as páginas do *Aurora* na Biblioteca Nacional. Os exemplares que podem ser folheados são os de 1919 a 1922 e os de 1928 a 1933. A Biblioteca possui exemplares de outros anos também, mas estão fora de consulta, devido ao estado precário do material.

LIÇÕES PARA
ANGELITA

1 O mistério dos destinos

1 de janeiro de 1930

– Mãezinha, por que é que existe,
Ao lado dos venturosos,
Os pobres, os andrajosos,
Numa vida estranha e triste?

Era um anjo sorridente,
Que perguntava à mamã,
Em deslumbrante manhã,
Do puro amor do inocente.

– Não sabes, minha Angelita,
Na tua infantilidade
Compreender a verdade
Grandiosa, bela, infinita!

Mas no destino diverso
Tudo isso é lei de amor
De Deus, o nosso Senhor,
O Criador do Universo!

E o Universo é a multidão
Dos mundos que, no Infinito,
Busca o seio bendito
Da suprema Perfeição!

Existem mundos formosos,
De belezas deslumbrantes,
Que são moradas brilhantes
De seres mais venturosos!

Mas a Terra que habitamos
É orbe de expiações,
De aspérrimas provações,
Que sempre e sempre encontramos.

Não vês o riso e a dor,
A tristeza na alegria,
A noite dentro do dia,
O espinho na haste da flor?

Não vês o pranto brotar
Nos olhos das criancinhas,
Que são as meigas florinhas
Neste vale de penar?

Tudo isso é necessário
Para, assim, haver a luta
Que torna a alma impoluta
Neste grande itinerário,

Que é das trevas à Luz!
Somente a dor tão sublime
A nossa alma redime
E à perfeição nos conduz.

Os que hoje, na riqueza,
Desdenham os pobrezinhos,
Amanhã estes caminhos
Percorrerão, com tristeza.

E os tristes desventurados
Já foram ricos também,
Que se afastaram do bem
E são hoje castigados.

Afinal, toda a criatura
Que do bem se desviar
Cá na Terra há de voltar
A conquistar a ventura.

Porque no infinito Além,
Na grandiosa Imensidade,
Só tem valor a verdade,
A alegria está no bem!

Só ele nos leva aos Céus
E à perfeição nos conduz,
Ao Mestre amado – Jesus,
Ao seio imenso de Deus!

2 O ócio e o trabalho

— Filhinha, tu ontem vias
Aquela dama enfeitada,
Buscando, muito apressada,
O baile das fantasias?

Não viste as roupas tão finas,
O seu porte majestoso,
O seu colar tão formoso
De pérolas peregrinas?

Não viste como evitava
O contato do ceguinho
Que cruzava o seu caminho,
O que muito a molestava?

E hoje passar não viste
Aquela pobre senhora,
Tão pálida e sofredora,
De semblante um tanto triste?

Ela buscava o trabalho,
A vida, a subsistência,
Conquistando, na existência,
O pão, a luz, o agasalho.

Em toda a sua amargura,
Inda é bem mais ditosa
Que aquela dama formosa,
Perfeita flor de ventura!

Pois enquanto esta buscava
Os festins materiais,
Esquecendo os seus iguais
E que ainda desprezava,

Enquanto estava à procura,
Nesta vida estranha e inglória,
De uma alegria ilusória,
Que mais era desventura,

A filha da singeleza
Busca, assim, com humildade,
O trabalho, a honestidade,
O tesouro da pobreza!

Lapidando no dever
Sua alma, que desta vida
Partirá enflorescida,
Esperando receber

Do Senhor onipotente
O prêmio dos seus labores,
Das amarguras e dores
Que sofreu constantemente.

Não quero dizer, porém,
Que condeno a alegria,
Pois que ela é eterno dia
Do Universo, o sumo bem!

Só quero dizer apenas
Que a alegria verdadeira
Não é esta, passageira,
Das nossas horas terrenas.

Os legítimos prazeres
Estão, pois, no coração
Daquele que, nosso irmão,
Cumpre sempre os seus deveres.

Trabalha sempre, querida,
É uma oficina a Criação!
O trabalho é a oração
Mais sublime em nossa vida!

E em meio dos gozos sãos
Não deixes no esquecimento
Os filhos do sofrimento,
Pois são, também, teus irmãos.

Se em todos os dias teus
Desse modo procederes,
Terás da vida os prazeres
Que nos outorga o bom Deus!

3 A humildade

1 de fevereiro de 1930

– Se tu queres, minha filha,
Encontrar felicidade,
Não busques a vaidade,
Que é uma luz que não brilha!

Sê paciente e bondosa,
Humilde, resignada,
E na vida a tua estrada
Será sempre esplendorosa!

Os pobres, os pequeninos,
Serão mais tarde exaltados
Por Jesus abençoados
- são os preceitos divinos!

O orgulho e a vaidade
São sempre maus conselheiros,
São pérfidos companheiros,
São filhos da iniquidade.

Nunca os tenha em teus dias,
Nas horas dos anos teus,
Pois nos afastam de Deus,
Nos roubam as alegrias!

Sê humilde e viverás
No verde mar da bonança,
Em eternal esperança,
Num viver de doce paz!

A humildade nos conduz
Nos caminhos da beleza,
Ao amor, todo pureza,
Do nosso amado Jesus!

4 As aparências

16 de fevereiro de 1930

– Já viste, filhinha amada,
Uma árvore fruteira,
Por exemplo, a laranjeira,
De frutos abarrotada?

Entre todos, um maior,
Em tamanho e mais formoso,
Nos parece apetitoso
E de agradável sabor.

Mas o fruto desejado
Muitas vezes é perdido,
Pois vemo-lo apodrecido,
Completamente estragado!

Eis uma realidade
Em nosso pobre viver:
Às vezes, vê-se o prazer
Onde existe a falsidade.

Uns buscam no luxo vão
A sua grande alegria,
Mas numa triste ironia
Encontra desilusão!

Afinal, a maioria
Dos humanos na existência
Só procura na aparência
O gozo de todo o dia.

A excessiva ocupação
Com o corpo, que breve passa,
É a nossa grande desgraça,
A nossa triste ilusão!

Pois o corpo é o instrumento
Onde se deve aprender
O segredo de viver
No nosso aperfeiçoamento.

Isto é, ele é o cadinho
Onde a alma se depura
E da vida, pela altura,
É inevitável caminho.

Devemos ter mais cuidado,
Pois, com o nosso coração,
Conduzindo-o à perfeição,
Tornando-o aprimorado!

Só devemos dar guarida
Aos mais nobres sentimentos,
A formosos pensamentos
E tornaremos a vida

Em róseo mar de venturas,
Que são belas, verdadeiras,
Em esperanças fagueiras,
Em alegrias mais puras.

Cultivar o interior
É o nosso maior dever.
Deve ser nosso prazer,
O nosso mais santo amor!

Pois da vida, na caudal,
Enquanto o corpo perece
Nossa alma permanece
Eternamente imortal!

5 A liberdade

1 de março de 1930

– Filhinha do meu amor,
Disseste à tua irmã:
"Eu vou pedir à mamã
Um passarinho cantor!"

Para que, minha filhinha,
Uma gaiola dourada
A trazer aprisionada
Uma exilada avezinha?

Isso seria faltar
Ao amor, à caridade,
À grande lei da bondade
Que Jesus veio ensinar.

Prender, pois, o passarinho
É tornar-se criminoso,
É privar um ser ditoso
Das doçuras de seu ninho!

Seria quebrar, ainda,
A harmonia da Criação
Em teu próprio coração,
Sempre eterna, sempre linda!

É tornar tua mãozinha
Graciosa, imaculada,
Tristemente amaldiçoada
Pela inocente avezinha!

Gostarias, Angelita,
De me ver arrebatada
De ti, bem longe apartada,
Com a alma tristonha e aflita?

Considera, pois, querida,
Que o pássaro tem amor,
Conhece a alegria e a dor,
E tem direitos na vida.

Tu amas os passarinhos?
Protege-os na liberdade,
Oferece-lhes bondade,
Teus zelos e teus carinhos.

Aos seres da Criação
Deus concedeu liberdade
Para que, na Imensidade,
Buscassem a perfeição!

6 A intolerância

16 de março de 1930

– A intolerância, Angelita,
É um incômodo tropeço
Ao desejado progresso
De que o homem necessita.

Ela é, minha filhinha,
Um sentimento malsão
Que envenena o coração,
Que a nossa alma amesquinha.

Sendo filha do rancor,
Dos erros e da maldade,
É inimiga da bondade
E contrária à lei do amor!

Ao passo que a tolerância
É caridade e perdão,
Sendo, assim, do afeto irmão,
A formosa observância.

A intolerância, querida,
É uma nódoa desolada,
Que, ao manchar a nossa estrada,
Torna infeliz nossa vida.

Em nosso viver na Terra,
Podemos observar
Que quem vive a condenar
É quem na vida mais erra.

Saibamos, pois, perdoar
Mil vezes, se isso requer!
É esse o nosso dever,
Que devemos praticar!

Mas não se deve esquecer,
Ao perdoarmos alguém,
De impelir essa alma ao bem
E a nunca mais ofender,

Ofertando-lhe os ensinos
Do Evangelho da verdade,
Que resplende, em toda idade,
Seus reflexos divinos.

Quem tolera o seu irmão
Nas asperezas da vida,
De uma falta cometida,
Faz-se digno de perdão.

Ao passo que o intolerante
É sempre desventurado.
Quem perdoa é abençoado
Pelo porvir deslumbrante!

A vida, suavemente,
Desliza sem amargor
Se nos caminhos do amor
Buscamos o Onipotente!

7 A bondade

1 de abril de 1930

– Minha filhinha, a bondade
É uma flor maravilhosa
Que desabrocha, formosa,
No jardim da humanidade.

Os seus perfumes sutis
Do sentimento cristão
São a manifestação
Que torna o homem feliz!

A alma boa, querida,
Faz-se alvo de atrações
De todos os corações
Que a rodeiam pela vida.

Ser bom em nossa existência
É termos já conquistado
Um passo muito avançado
Nos caminhos da ciência.

Já que a ciência maior,
A mais sublime e grandiosa,
Esplêndida, portentosa,
É a que reside no amor,

Na prática da bondade,
Em todos os nossos dias,
O que nos traz alegria
De pura felicidade.

A bondade, em todo o instante,
É sempre a flor de pureza,
Cuja mágica beleza
É fúlgida e deslumbrante.

Cultivá-la, com carinho,
Dentro em nosso coração,
É buscar a perfeição,
Em todo o nosso caminho

E oferecer seus olores
Àquele que nos rodeia.
É ter a existência cheia
De sacrossantos amores

Que nos conduzem a Deus,
Ao seio do Criador,
A um oásis de amor,
Na imensidade dos Céus!

8 A maledicência

16 de abril de 1930

– Filhinha, em nossa existência
De espíritos imperfeitos
Um dos maiores defeitos
É a triste maledicência.

Comentando, com maldade,
O erro ou a vida de alguém,
Desviamo-nos do bem,
Da luz, do amor, da verdade!

Em nosso irmão infeliz
Não devemos procurar,
E nem jamais enxergar,
O defeito ou a cicatriz.

Pois se olharmos bem o fundo
Das nossas imperfeições,
Nesse vale de ilusões
E males, que é o nosso mundo,

Faltaria, em todo o instante,
O desejo em nós, por certo,
De pormos a descoberto
O erro de um semelhante.

Pois dessa mesma miséria,
E dessas faltas possíveis,
Somos também suscetíveis,
Em nossa triste matéria.

O nosso dever maior
É sempre a luz salientar,
Procurando transformar
Os ódios em santo amor.

Ao contemplarmos alguém
Esqueçamos-lhe a fraqueza,
Incitando-lhe à grandeza
Pelo exercício do bem!

A nossa preocupação
Não deve ser condenar,
Porém, sim, remodelar,
Em demanda à perfeição,

Transformando a humanidade
Num conjunto de harmonias,
Em beleza e alegrias,
À luz do sol da verdade!

Se cada um coração
Desse modo proceder
A cumprir o seu dever
Na estrada da evolução,

O nosso mundo de dor
Será, em breve, por certo,
Não um tristonho deserto,
Mas templo de sacro amor!

9 O bom coração

1 de maio de 1930

– Filhinha, o bom coração,
Bem digno de Jesus,
É aquele que se conduz
No ideal da perfeição!

É aquele que desconhece
O bem-estar passageiro,
Buscando o bem verdadeiro,
Que ao espírito enriquece.

É aquele onde a caridade
Resplende em todo momento,
Dissipando o sofrimento,
Destruindo a iniquidade,

Onde medram, preciosos,
Os lírios da singeleza,
Deslumbrantes de pureza,
D'aromas maravilhosos!

É onde existe a bondade
Trescalando ao puro amor
Que nos conduz ao Senhor,
Ao áureo sol da verdade!

O coração que é modelo,
Que deve ser imitado,
Deve ser iluminado
No sentimento mais belo,

Qual reluzente sacrário,
Em toda a sua existência,
Da mais puríssima essência
Deve ser depositário.

Essência de afetos santos,
De pensamentos formosos,
Almos, belos, portentosos,
Que são primores de encantos!

É aquele que sempre vibra
Ao influxo divino
De Jesus, no grande ensino
Que o nosso mundo equilibra.

Quem o tem, assim, formoso,
Nas sendas do evoluir,
Terá sempre o seu porvir
Esplêndido, venturoso!

Num firmamento de luz,
Viverá, pelo futuro,
Como um reflexo puro
Da bondade de Jesus!

10 A virtude

16 de maio de 1930

– Tu viste hoje, filhinha,
Aquela rosa tão rara,
De espécie formosa e cara
Lá nos jardins da vizinha?

Seu conjunto esplendoroso
Exalava, brandamente,
Seus perfumes no ambiente,
Tornando-o delicioso!

Pois em nosso coração
Podemos, qual uma estrela,
Ter uma rosa mais bela
Que deslumbra em perfeição.

Entre nós se denomina,
Em nossa linguagem rude,
Pelo nome de virtude,
Essa flor tão peregrina!

Se a pudermos cultivar
No mais íntimo do ser,
Viremos a conhecer
O que é na vida gozar.

Pois essa flor tão querida,
O emblema – luz da pureza,
É a mais sublime grandeza
Dos dias de nossa vida!

Nascendo na alma imortal,
Ela sempre permanece.
Desse modo, recrudesce
O seu aroma eternal!

Pelas sendas do existir,
Em nosso ser se traduz
Pelas sementes da luz
Que buscamos espargir.

Ela é a esmola pequena
Que se faz de coração
Ao nosso infeliz irmão,
Imerso na dor terrena.

Inda é o pranto que enxugamos
Ou as lágrimas que vertemos
Quando a dor compreendemos
Dos nossos iguais, que amamos.

Ela é um gesto de bondade
Ou um pensamento formoso,
Um sentimento grandioso
Que exprime luz e verdade!

É, em nosso coração,
Tudo o que de bem existe.
A virtude é o que consiste
No ideal da perfeição.

Pelas estradas do amor,
A virtude nos conduz
Às culminâncias da luz,
Ao seio do Criador!

11 A consciência

1 de junho de 1930

– Mãezinha, que é a consciência?
– A consciência, querida,
É o juiz da nossa vida,
Em toda a nossa existência.

É ela o farol potente,
O grande sol da verdade
Que o Senhor, todo bondade,
Fez raiar em nossa mente!

Ela é a luz portentosa
Que nos impele ao Perfeito,
Por este infinito Eleito
Na imensidade radiosa!

Isso acontece, porém,
Se procurarmos trilhar
E soubermo-nos guiar
Pelas estradas do bem!

Pois ela, em todo o momento,
Com carinho e devoção,
Nos incita o coração
Ao nosso aperfeiçoamento,

Que somente se realiza
Ao sopro vivificante
Do bem, que é luz deslumbrante
Que a ventura concretiza.

A consciência, Angelita,
Marca a nossa evolução
Em demanda à perfeição
Pela existência infinita.

Residindo em nosso ser,
Da imperfeição nos desviar,
A trazer-nos harmonia
Se amamos nosso dever.

À estrada da iniquidade
Ela jamais nos conduz,
Pois que ela é a pura luz
Da fé, do amor, da verdade.

Sendo ela chama divina,
O seu calor nos depura,
Arrojando, pela altura,
A nossa alma pequenina,

Tornando-a, ante o Criador,
Como um ser purificado,
No mais sublime reinado
Da ciência e puro amor.

No mundo de provação,
Ela é o luzeiro fanal
Que nos desvia do mal,
Nos guiando à perfeição!

12 A morte

16 de junho de 1930

– Não é a morte, filhinha,
Este símbolo do nada,
Uma caveira engelhada,
Sombria, triste e mesquinha!

É um fenômeno natural,
No qual a nossa alma retida
Retira-se desta vida
- O calabouço carnal.

É a desagregação
Do corpo, que é a pura argila,
Dando à alma, que cintila,
A liberdade de ação.

E enquanto aquele na treva
Sofre mil transformações
A alma, em evoluções,
No espaço sem fim se eleva.

É apenas a transição
A morte, que é tão temida,
Para outra forma de vida,
Em demanda à perfeição.

Porém, querida Angelita,
Mil vezes necessitamos
Vir à Terra, onde buscamos
A evolução infinita,

Conhecer mil gradações,
Mil lições de experiências,
Em múltiplas existências,
Despojando imperfeições!

E assim, pois, cada existência
É uma etapa pequenina,
Onde a alma peregrina
Adquire amor e ciência.

Buscando-os, constantemente,
A nossa alma transluz,
Tornando-se em flor de luz
Das mansões do Onipotente!

13 O céu e o inferno

1 de julho de 1930

– Mãezinha, é acreditável
Que exista um céu todo em flor
E um inferno, onde uma dor
Seja eterna, invariável?

– Não, filhinha, isso é loucura
De pobres ignorantes
Ou de cérebros farçantes
Que zombam da desventura.

O céu existe formoso
Na consciência ditosa,
Que segue, clara e formosa,
No porvir esplendoroso.

E o inferno está no mal
De uma alma que se desvia,
Quebrando, assim, a harmonia
Do bem, que é sempre imortal!

Desse modo, o proceder
De cada uma criatura
É o que lhe traz a ventura
Ou a mágoa do desprazer.

Se em todos os nossos dias
For bela a nossa conduta,
Nossa alma, sempre impoluta,
Segue estradas luzidias.

Porém se nossa existência
Foi sempre um mar de impurezas,
Encontraremos tristezas
Nas dores da consciência!

O mal à dor nos conduz,
O bem exprime alegria,
Um é a noite, outro, o dia,
Aquele é treva, este é luz.

Desse modo, pois, querida,
Cada um consigo traz
Ou um céu de doce paz
Ou a dor toda uma vida!

Jamais olvides no mundo
Que o desvio do dever
Nos acarreta o sofrer
Mais persistente e profundo.

E que o bem, em toda a hora,
Na alegria ou no amargor,
Afasta a noite da dor,
Trazendo a sublime aurora

De deslumbrantes venturas,
Tornando a vida de dores
Em uma senda de flores,
Felicitando as criaturas!

14 A esmola

16 de julho de 1930

– A esmola, minha querida,
Não é somente o vintém
Que mata a fome de alguém
Na existência dolorida.

Necessário é conhecê-la
Em suas modalidades
E múltiplas variedades
Em que é preciso exercê-la.

Além da esmola do pão,
Que é a material,
Existe a espiritual
- A esmola do coração.

É esta que mais devemos
Praticar em todo o dia,
Pois é fonte da alegria
De que tanto carecemos.

É a mais difícil, filhinha,
De ser, por nós, praticada,
Pois da vida, pela estrada,
Nossa alma é sempre mesquinha.

A esmola é, às vezes, um olhar
Que se lança ao desditoso
Pelo viver doloroso
De sofrer e de penar,

É um gesto confortador
A uma alma sofredora
Que não conhece uma aurora
Na noite de sua dor.

É uma lágrima vertida
Solidária na amargura
De uma alheia desventura
Que infelicita uma vida.

É uma santa indicação,
Uma palavra, um conselho,
Buscando no Evangelho
O Mestre do coração.

É o perdão de uma ofensa,
Filha da irreflexão
De algum infeliz irmão
Que, pela caudal imensa

Da ignorância trevosa,
Não sabe se nortear
E nem tampouco buscar
Uma senda luminosa.

A esmola, filha querida,
É sempre flor de bondade
Que nos traz felicidade
Quando bem compreendida.

Do afeto é pura essência
E praticá-la, exercê-la,
É tornar risonha e bela
A nossa rude existência.

Ela é sempre o puro amor.
Por isso, minha Angelita,
Deve ser sempre bendita
Como uma luz do Senhor.

15

1 de agosto de 1930

– Minha filhinha adorada,
Aprende a elevar teus olhos
Acima destes abrolhos
Que juncam a nossa estrada.

Sê, sobretudo, bondosa,
Humilde, resignada,
Afável e dedicada,
Paciente e carinhosa.

Recorda-te que o viver
No mundo de provações
Nos arranca imperfeições
Se soubermos bem sofrer.

Vê que a vida sempre existe
Mesmo acima da matéria,
Pela paragem etérea
Onde, eterna, subsiste.

Não busques, pois, a vaidade
Misérrima e passageira.
Busca essa luz verdadeira
Que reside na verdade.

Sê prudente no prazer
Que a Terra oferece, às vezes,
Corajosa nos reveses
Que te venham aborrecer.

Nesta vida de ilusão
Lembra-te sempre, em verdade,
Que fora da caridade
Não existe a salvação.

Teu espírito enriquece,
Embora com sofrimento,
Desse puro sentimento
Que a alma enobrece.

Nunca descreias do amor
Do nosso Pai de Bondade,
Que do erro e da maldade
Nos afasta pela dor!

Teus amigos preferidos
Devem ser os pobrezinhos,
Cujos ásperos caminhos
São tristes e doloridos.

Sê constante companheira
Do fraco e do sofredor,
E da piedade e do amor
Deves ser a mensageira.

Da vida, na diretriz,
Não te esqueças: a bondade
Ensina à humanidade
A arte de ser feliz.

16 A dor

16 de agosto de 1930

– Minha filha, o sofrimento,
Quando bem interpretado,
É luzeiro abençoado
Em nosso aperfeiçoamento.

16 A dor

16 de agosto de 1930

– Minha filha, o sofrimento,
Quando bem interpretado,
É luzeiro abençoado
Em nosso aperfeiçoamento.

Só a dor, minha filhinha,
Nos desperta do letargo
– o sono tristonho e amargo –
Da matéria tão mesquinha,

Arrancando-nos da treva,
Do erro e da iniquidade.
Às regiões da verdade
Ela, feliz, nos eleva.

Em seu sublime reinado,
Ela nos faz compreender
O nosso grande dever
Ante o Sumo Magistrado.

Qual uma gota candente,
Que purifica e depura,
Ela o faz à criatura
Ao tocá-la intensamente,

Fazendo-lhe recordar
Que acima deste viver,
Deste efêmero prazer,
Existe um outro gozar,

Que além da noite do mal,
Deste mundo de amargor,
Existe o amanhã do amor
No Plano Espiritual.

Do Senhor onipotente
Assim a dor se traduz
Em bênção de paz e luz,
Portentosa e resplendente.

O que se deve aprender
Em nossa rude existência
É sofrer com paciência,
Sem da nossa fé descrer.

Sofrer, pois, é progredir
Em ânsias de perfeição
Nas sendas da evolução,
Em todo o nosso existir!

É deixar que em nosso peito
Resplandeça, esplendorosa,
A luz sublime e formosa
Que nos conduz ao Perfeito!

Em nossa existência, enfim,
A dor é felicidade,
Embora a humanidade
Nem sempre a conceba assim.

Saibamos, pois, bendizê-la,
Essa aurora deslumbrante,
Eternamente brilhante
Que, qual rutilante estrela,

Impávida e portentosa,
Esplêndida de fulgor,
Nos conduz ao Deus de Amor,
Na imensidade formosa!

17 A esperança

1 de setembro de 1930

– Minha filhinha, a esperança
É foco de luzes puras
Que nos outorga venturas,
Que nos concede a bonança

Nos dias de sofrimento.
Devemos sempre elevar
O nosso tristonho olhar
Às luzes do firmamento,

Confiando, em nossa dor,
Na clemência e piedade
Do nosso Pai de Bondade,
Em Seu infinito amor!

Pois a esperança mais linda
É aquela que Dele espera
A suave primavera
Da ventura que não finda.

A esperança, em todo dia,
Concede-nos a coragem
De transpormos a voragem
Da nossa estrada sombria.

Devemos ver que o Senhor,
Em Sua magnanimidade,
Fez, ao lado da maldade,
Raiar a manhã do amor.

Fez brotar, bem junto aos prantos
Das terrenas amarguras,
As açucenas tão puras
Dos afetos sacrossantos.

Fez colocar, junto às dores,
Junto às lágrimas penosas
Das estradas dolorosas
De uma vida de amargores,

Os clarões confortadores
De muitas consolações
Que afastam as aflições,
As mágoas, os dissabores!

Uma alma esperançosa
Vive imersa em claridade
De pura felicidade
Numa existência formosa.

Ela própria se alivia
No seu dia de sofrer
Bem cumprindo o seu dever
Na beleza da harmonia.

A esperança é o nosso guia
Às esplêndidas alturas,
Em radiosas venturas
Nas paragens da alegria!

18 A abnegação

– Minha filhinha bondosa,
Dar-te-ei hoje a lição
Da santa abnegação
Que torna uma alma formosa:

Um mendigo, que não tinha
No seu bolso esfarrapado
Mais que um grãozinho mirrado,
Em fatia bem mesquinha,

Encontrou-se, num momento,
Com dois irmãos em sofrer,
Que lhe deram a conhecer
O seu atroz sofrimento!

Já exaustos de penar,
Sem nenhum pão nas sacolas,
As desejadas esmolas
Não podiam implorar.

E, embora seus mil cansaços,
O pobre que tinha um pão,
Tocado no coração,
Partiu-o em dois pedaços

E os ofereceu com amor,
Ungido de afeto santo,
Aos irmãozinhos em pranto,
Companheiros no amargor.

Ele também tinha fome,
Porém via primeiro
As dores de um companheiro,
Em sua angústia sem nome.

E depois de mitigar
A fome dos pobrezinhos,
Com os fragmentos mesquinhos
Do que tinha para dar,

Consolou-os, brandamente,
Com palavras de carinho,
Guiando-os ao caminho
Que conduz ao Onipotente.

Ensinou-lhes bendizer
A própria dor que depura,
Servindo-lhe a amargura
Do seu agro padecer.

Mostrou-lhes que nosso ser
É eternamente imortal
No Plano Espiritual,
Acima deste viver!

E os pobres, cheios de luz,
Cheios de unção e fervor,
Oraram ao Deus de Amor,
Bendizendo a sua cruz.

Neste conto pequenino,
Eis uma demonstração
De pura abnegação
- O sentimento divino!

Por estas sendas penosas,
Sejamos abnegadas,
Caridosas, devotadas,
E seremos venturosas!

19 A grandeza do amor

3 de outubro de 1930

– Minha filha, é-me impossível
Traduzir, à viva cor,
O sentimento do amor,
Portentoso, indestrutível.

Ele é expoente da Luz!
Sentir-lhe a grandiosidade
É deixar a humanidade
E assemelhar-se a Jesus!

Compreender-lhe a grandeza,
Em toda a nossa existência,
É buscar a suma essência
Da mais sublime pureza.

Amar é deixarmos, filha,
Este mundo de procelas,
A buscar, em ânsias belas,
A celeste maravilha

Que existe no Ilimitado,
Nos portentos da Criação,
Elevando o coração,
Tornando-o purificado!

Quem bem ama neste mundo
É mensageiro da paz,
Que a treva nunca desfaz
Em seu labor infecundo!

É sempre um farol bendito,
Das luzes mais radiosas,
Excelsas, maravilhosas,
Resplendentes no Infinito!

É ser a voz abençoada,
Cujo timbre alvissareiro
Nos conduz ao verdadeiro,
Na mais deslumbrante estrada!

É ser a mão milagrosa
Sempre farta, sempre rica,
Que se estende e multiplica
Na caridade grandiosa!

É ser a consolação,
Conforto dos sofredores,
Afastando as tristes dores
Do mundo de expiação!

É ser o bom coração
Que perdoa um infeliz
E que abençoa e bendiz
A noite da provação!

Ama, filhinha, e serás
Anjo puro de beleza,
Sublime flor de pureza,
Já que a Deus pertencerás.

Amar, pois, é proteger
O conjunto das criaturas,
Impelindo-as às alturas,
Onde é eterno o alvorecer!

Só o sentimento do amor
Nos eleva e edifica
E, feliz, identifica
Nossas almas ao Criador!

20 Jesus é o nosso modelo

16 de outubro de 1930

– Minha filha, o bom Jesus
Será sempre o Mestre amado,
Pois é, de Deus, o Enviado,
A guiar-nos para a luz!

Feliz de quem o seguir
Em seus passos luminosos,
Pois será dos venturosos
Nas grandezas do porvir.

Quem, como ele, receber
O seu calvário de dores
Como um jardim todo em flores
Nesta vida do sofrer,

Quem, como ele, atravessar
Este pélago profundo,
De vícios que é este mundo,
De males e de pesar,

Como um fulgente luzeiro,
Espargindo a caridade,
Mostrando o sol da verdade
Ao terreno caminheiro,

Procurando, na humildade,
A rósea cor da ventura,
A buscar toda criatura
Para ofertar-lhe bondade,

Buscando ser pequenino
Para tornar-se o mais forte,
Triunfando da coorte
De negrumes do destino,

Recebendo, alegremente,
Os espinhos dos martírios,
Como se fossem os lírios
Das mansões do Onipotente,

Este, pois, ao regressar
Desta vida dolorosa
Será uma alma formosa
De alegria a exultar!

Caminhará entre as flores
Dos caminhos luminosos
Dos mundos, os mais formosos,
Que entreviu nas suas dores.

Os seus anseios de afeto,
De luz, de amor, de esperança,
Mostrar-se-ão na bonança
Reais, felizes, seletos!

Conhecerá, venturoso,
Em sua magnitude,
A beleza da virtude
No futuro esplendoroso!

Ao influxo do amor,
O seu puro coração
Será no Universo, então,
Mensageiro do Senhor!

Feliz de quem se conduz,
Por este mundo de abrolhos,
Trazendo sempre seus olhos
Fitados no bom Jesus.

Referências bibliográficas

AURORA. Rio de Janeiro: jan./fev./mar./abr./mai./jun./jul./ago./set./out. 1930.

COMUNIDADE ESPÍRITA. *In*: <http://comunidadeespirita.com.br/artigos/obras_de_Chico_ Xavier. html>. Acesso em: 15 jan. 2012.

HARLEY, Jhon. *O voo da garça* – Chico Xavier em Pedro Leopoldo | 1910-1959. 2. ed. Belo Horizonte: Vinha de Luz, 2010. p. 212.

INSTITUTO ANDRÉ LUIZ. *In*: <http://www.institutoandreluiz.org/chicoxavier_rel_livros.html>. Acesso em: 15 jan. 2012.

JOÃO DE DEUS. *In*: <http://pt.wikipedia.org/wiki/Joao_de_Deus_de_Nogueira_Ramos>. Acesso em: 15 jan. 2012.

JOÃO DE DEUS. *In*: <http://<pt.wikipedia.org/wiki/Ficheiro:Joao_de_Deus_Ramos.jpg>. Acesso em: 15 jan. 2012.

RELAÇÃO DE OBRAS DE CHICO XAVIER. *In*: <http://www.vinhadeluz.com.br/site/pagina.php?id=6 >. Acesso em: 14 jun. 2013.

SCHUBERT, Suely Caldas. *Testemunhos de Chico Xavier*. Rio de Janeiro: FEB, 1986. p. 331-332.

XAVIER, Francisco Cândido; GONÇALVES, Sérgio Luiz Ferreira; NETO, Geraldo Lemos (Orgs.). *Chico Xavier* – O primeiro livro. Ditado por espíritos diversos. Belo Horizonte: Vinha de Luz, 2010.

_____ ; TAVARES, Clóvis; TAVARES, Flávio Mussa. *Luz na escola* – Chico Xavier na Escola Jesus Cristo de Campos | RJ. Belo Horizonte: Vinha de Luz Editora, 2010.

_____ . *Parnaso de além-túmulo*. Ditado por espíritos diversos. Rio de Janeiro: FEB, 1932.

Leia também

RÉSTIA DE LUZ

Primeiro livro editado pela Vinha de Luz Editora, lançado por ocasião do bicentenário de Allan Kardec (1804|2004) e dos 140 anos da primeira edição de *O Evangelho Segundo o Espiritismo* (1864|2004). Traz mensagens recebidas de espíritos diversos, psicografadas pelo médium Geraldo Lemos Neto, que interpretam as lições de *O Evangelho Segundo o Espiritismo*, nos indicando os caminhos mais certos da vida no permanente convite de nosso Mestre e Senhor Jesus.

ESPÍRITOS DIVERSOS
PSICOGRAFIA DE GERALDO LEMOS NETO

IGNÁCIO DE ANTIOQUIA

Uma viagem ao tempo da simplicidade e da pureza do Cristianismo, em sua mais bela e genuína expressão. Obra mediúnica repleta de episódios históricos do Cristianismo primitivo, que resgata para a memória da humanidade a vida e a trajetória de um dos seguidores mais valorosos de nosso Senhor Jesus Cristo.

PELO ESPÍRITO THEOPHORUS
PSICOGRAFIA DE GERALDO LEMOS NETO

SEMENTEIRA DE LUZ

Voltando à Terra no século XIX, Neio Lúcio encarna a personalidade de Arthur Joviano, cujo núcleo familiar, em missão redentora de um passado longínquo, conta com as presenças de personagens descritos nos romances *50 anos depois* e *Renúncia*. Desprendido em 1934, Neio Lúcio inicia sua comunicação com a família, através da mediunidade de Chico Xavier, em reuniões semanais de culto evangélico na casa de Rômulo Joviano, em Pedro Leopoldo | MG. As mensagens, repletas de sabedoria e amor extremado por todos aqueles com os quais conviveu, são bem a confirmação dos compromissos reparadores que assumimos na Espiritualidade, alicerçados nos ensinamentos de Jesus para nos tornarmos legítimos semeadores da Boa Nova.

PELO ESPÍRITO NEIO LÚCIO
PSICOGRAFIA DE FRANCISCO CÂNDIDO XAVIER
ORGANIZAÇÃO DE WANDA AMORIM JOVIANO

DEUS CONOSCO

DEUS CONOSCO é o livro que dá sequência às revelações espirituais inéditas da psicografia de Francisco Cândido Xavier, trazidas a lume pela prestimosa organização de Wanda Amorim Joviano, com a colaboração de Geraldo Lemos Neto. As mensagens, recebidas em sua maioria no culto doméstico do Evangelho no lar da família Joviano, nas décadas de 30 a 50, na Fazenda Modelo, em Pedro Leopoldo | MG, são de autoria de Emmanuel, o espírito responsável pela materialização da extensa bibliografia que tanto esclarecimento e consolação verteram da Vida Maior para a face da Terra, através das abnegadas mãos de Chico Xavier. DEUS CONOSCO nos traz de volta ao convívio os memoráveis discípulos do Cristo, ligados desde priscas eras, cuja missão foi a da revivescência do Cristianismo puro e simples dos tempos apostólicos, no coração humilde e generoso das terras pacíficas do Brasil.

PELO ESPÍRITO EMMANUEL
PSICOGRAFIA DE FRANCISCO CÂNDIDO XAVIER
ORGANIZAÇÃO DE WANDA AMORIM JOVIANO E GERALDO LEMOS NETO

MILITARES NO ALÉM

Dentre os tesouros guardados por Wanda Amorim Joviano, MILITARES NO ALÉM, da lavra de Chico Xavier nos anos de 36 a 52, no mínimo surpreende pela atualidade das mensagens em torno da paz que a humanidade do século XXI tanto anseia. Fruto da sua ingente dedicação no desdobre das tarefas mediúnicas no culto do lar realizado durante muitos anos pelo *Grupo Doméstico Arthur Joviano*, na Fazenda Modelo, em Pedro Leopoldo | MG, esse livro relata, na perspectiva espiritual de muitos servidores da pátria, a realidade consoladora do *outro lado*, onde o trabalho pelo bem não cessa e a esperança é sentimento que inspira a vitória do amor preconizado por Jesus.

ESPÍRITOS DIVERSOS
PSICOGRAFIA DE FRANCISCO CÂNDIDO XAVIER
ORGANIZAÇÃO DE WANDA AMORIM JOVIANO

ILUMINURAS

ILUMINURAS é a primeira publicação de bolso da Vinha de Luz Editora. É composta de pensamentos e frases extraídos do livro *Deus conosco*, do venerável espírito Emmanuel, psicografado por Francisco Cândido Xavier nas décadas de 30 a 50, durante o culto cristão no lar do Dr. Rômulo Joviano, na Fazenda Modelo, em Pedro Leopoldo | MG. A riqueza dos ensinamentos evangélicos apresentados na obra fala por si só e atesta o amparo de nosso Senhor Jesus Cristo à divulgação da Doutrina Espírita, codificada pelo apóstolo Allan Kardec.

PELO ESPÍRITO EMMANUEL
PSICOGRAFIA DE FRANCISCO CÂNDIDO XAVIER
ORGANIZAÇÃO DE CEZAR CARNEIRO DE SOUZA

SEMENTEIRA DE PAZ

Volume que dá sequência ao roteiro de revelações espirituais do espírito de Neio Lúcio, que em última romagem terrena envergou a personalidade de Arthur Joviano, pai de Dr. Rômulo Joviano, diretor da Fazenda Modelo em Pedro Leopoldo | MG, onde Chico Xavier trabalhou por largos anos. As mensagens nele contidas surgiram espontaneamente pela psicografia de Chico Xavier a partir de 1935, na residência da família Joviano, na própria Fazenda Modelo, durante o culto do Evangelho no lar do *Grupo Doméstico Arthur Joviano*, a que Chico prazerosamente se dirigia depois de findos os seus trabalhos diuturnos, dando a *Deus o que é de Deus* após dar a *César o que é de César*. Recebidas por Chico Xavier de 1946 a 1948, as mensagens de Neio Lúcio foram batizadas de SEMENTEIRA DE PAZ, sendo esse novo livro, organizado por Wanda Joviano, dedicado ao centenário de nascimento de Chico Xavier (1910-2010), o *medianeiro do amor*.

PELO ESPÍRITO NEIO LÚCIO
PSICOGRAFIA DE FRANCISCO CÂNDIDO XAVIER
ORGANIZAÇÃO DE WANDA AMORIM JOVIANO

PÉROLAS DE SABEDORIA

Compulsados do livro *Sementeira de luz*, organizado por Wanda Amorim Joviano, as frases e os textos apresentados no livro PÉROLAS DE SABEDORIA foram coletados e reunidos por Braz José Marques com o propósito de engrandecer o aprendizado de todos nós nos estudos evangélicos do dia a dia. As pérolas da Espiritualidade — aqui incrustadas na condição de joias valiosas — são fundamentais para o esclarecimento daqueles que delas se valerem, expositores ou não da Doutrina Espírita.

PELO ESPÍRITO NEIO LÚCIO
PSICOGRAFIA DE FRANCISCO CÂNDIDO XAVIER
ORGANIZAÇÃO DE BRAZ JOSÉ MARQUES

COLHEITA DO BEM

A autoria desse livro pertence ao professor Arthur Joviano, o estimado benfeitor espiritual que todos nós conhecemos com o nome de Neio Lúcio, personagem do romance *50 anos depois*, de quem recebemos valiosos ensinamentos dirigidos ao espírito imortal que vai vencer a morte e transpor os séculos. Chico Xavier psicografou as mensagens do livro durante o culto do Evangelho no lar na família Joviano, na Fazenda Modelo em Pedro Leopoldo, onde trabalhava. No *Colheita do bem* estão as páginas recebidas nos anos de 1949 a 1952, sendo, portanto, as últimas psicografadas na Fazenda Modelo, uma vez que em 1952 a família Joviano transferiu definitivamente sua residência para a cidade do Rio de Janeiro. *Colheita do bem* finaliza a série iniciada com o livro *Sementeira de luz*, seguido pelo *Sementeira de paz* — formando uma verdadeira trilogia da luz, da paz e do bem maior, que a todos nos une no carreiro da evolução espiritual para Deus.

PELO ESPÍRITO NEIO LÚCIO
PSICOGRAFIA DE FRANCISCO CÂNDIDO XAVIER
ORGANIZAÇÃO DE WANDA AMORIM JOVIANO

CHICO XAVIER — O PRIMEIRO LIVRO

Vinte anos antes de sua desencarnação, Chico Xavier revelou que sempre guardou no íntimo o desejo de publicar as belas produções mediúnicas que os amigos espirituais escreviam por seu intermédio, nos idos dos anos 20. Curiosamente, Chico confeccionava, com suas próprias mãos e com grande esforço, alguns exemplares com a finalidade de despertar os amigos para a possibilidade de um livro. Face à pobreza material com a qual vivia, ao médium restava a esperança de que algum desses amigos se interessasse pelo tema e, talvez, movimentasse os recursos necessários para uma publicação. De suas primeiras produções manuais, contendo, inclusive, a sua sensibilidade artística no desenho e na ilustração das mensagens, Chico conseguiu guardar durante toda a sua vida um único exemplar, que ao final de sua existência terrena entregou ao seu sobrinho-neto, Sérgio Luiz Ferreira Gonçalves, que no-lo apresentou para a devida divulgação. Esse é então, de fato e de direito, o primeiro livro de Chico Xavier, que a Vinha de Luz Editora da Casa de Chico Xavier de Pedro Leopoldo trouxe a lume, com a alegria de presentear o amado amigo Chico com a edição de seu *primeiro livro* no ano de 2010, ano de seu centenário de nascimento.

ESPÍRITOS DIVERSOS
PSICOGRAFIA DE FRANCISCO CÂNDIDO XAVIER
ORGANIZAÇÃO DE GERALDO LEMOS NETO E SÉRGIO LUIZ FERREIRA GONÇALVES

LUZ NA ESCOLA —
CHICO XAVIER NA ESCOLA JESUS CRISTO DE CAMPOS | RJ

Esse é um livro de Francisco Cândido Xavier, com mensagens psicografadas por ele durante visita de quatro dias à Escola Jesus Cristo, em Campos | RJ, em 1940. Contém comentários de seu organizador, Clóvis Tavares, testemunha ocular de todos os fenômenos ali ocorridos. Os textos desse volume representam uma reedição da sua primeira, pequena, única e esgotada edição, feita também em 1940, publicação de caráter doméstico da Escola Jesus Cristo, agora reeditada pela Vinha de Luz, que desempenha hoje um papel ímpar no resgate histórico da produção mediúnica de Chico Xavier.

ESPÍRITOS DIVERSOS
PSICOGRAFIA DE FRANCISCO CÂNDIDO XAVIER
ORGANIZAÇÃO DE CLÓVIS TAVARES E FLÁVIO MUSSA TAVARES

VIAJANTES —
A ESPIRITUALIDADE ILUMINANDO SUA MENTE E
SEU CORAÇÃO ATRAVÉS DE CHICO XAVIER

Primeiro audiolivro da Vinha de Luz Editora, esse CD reúne 20 mensagens de espíritos diversos, psicografadas por Chico Xavier ao longo de seus 75 anos de labor mediúnico. Com um sugestivo título-tema e trilha sonora de rara beleza, VIAJANTES, organizado e interpretado por Fernando Peron, é um incentivo ao estudo sério e aprofundado de tão extraordinário patrimônio filosófico, científico e religioso legado a nós pelas mãos operosas e abençoadas de Chico Xavier.

ESPÍRITOS DIVERSOS
PSICOGRAFIA DE FRANCISCO CÂNDIDO XAVIER
ORGANIZAÇÃO E INTERPRETAÇÃO DE FERNANDO PERON

CHICO XAVIER —
A AURORA DE UMA VIDA ENTRE O CÉU E A TERRA

As mensagens aqui apresentadas foram psicografadas por Chico Xavier e publicadas no jornal espírita *Aurora*, dirigido por Inácio Bittencourt, entre julho de 1928 e abril de 1933. Nesses primeiros anos, Chico era ainda muito jovem, não sabia quem eram os espíritos que se comunicavam por meio dele, e era praticamente desconhecido fora das terras mineiras. A lucidez do jovem Chico Xavier ao comentar, ele mesmo, alguns trechos doutrinários sobre os postulados espíritas surpreende e seja em verso ou em prosa, sobre os mais variados temas, o leitor encontrará nesse livro preciosas lições de vida, ora nos ensinando a aceitar e a bendizer o sofrimento e as provas diárias, ora nos ensinando a viver uma vida verdadeiramente cristã e espírita, mostrando, por fim, quão breve é a existência terrena perante a eternidade do tempo.

ESPÍRITOS DIVERSOS
PSICOGRAFIA DE FRANCISCO CÂNDIDO XAVIER
ORGANIZAÇÃO DE JOÃO MARCOS WEGUELIN

DEPOIS DA TRAVESSIA

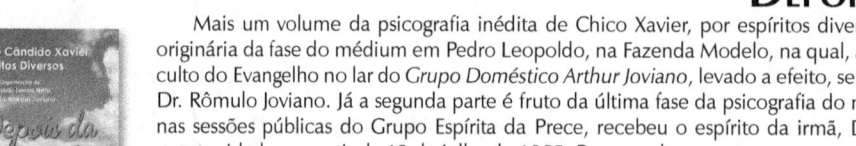

Mais um volume da psicografia inédita de Chico Xavier, por espíritos diversos. A sua primeira parte é originária da fase do médium em Pedro Leopoldo, na Fazenda Modelo, na qual, após o serviço, frequentou o culto do Evangelho no lar do *Grupo Doméstico Arthur Joviano*, levado a efeito, semanalmente, pela família de Dr. Rômulo Joviano. Já a segunda parte é fruto da última fase da psicografia do médium em Uberaba, onde, nas sessões públicas do Grupo Espírita da Prece, recebeu o espírito da irmã, D. Luiza Xavier, em diversas oportunidades, a partir de 13 de julho de 1985. Permeando as comoventes mensagens desses espíritos sobre a própria sobrevivência além-túmulo, há fac-símiles de mensagens de Emmanuel e de Bezerra de Menezes, fotografias e escritos inéditos de Chico Xavier ilustrando as épocas e as personalidades citadas. A obra é, pois, instrutivo volume contendo valiosas informações sobre a vida espiritual depois da travessia dos umbrais da morte do corpo físico, a induzir-nos o espírito distraído no mundo a uma mais ampla reflexão sobre a imortalidade, patenteando-se-nos a real significação das palavras de Jesus, nosso Senhor e Mestre: "A cada um será dado segundo as próprias obras".

ESPÍRITOS DIVERSOS
PSICOGRAFIA DE FRANCISCO CÂNDIDO XAVIER
ORGANIZAÇÃO DE WANDA AMORIM JOVIANO E GERALDO LEMOS NETO

MILITARES COM JESUS

As lições deste livro são de autoria de respeitáveis espíritos que passaram pela Terra na difícil experiência como militares. Portadores de grandes responsabilidades no dever, na disciplina, sobretudo integrados na justiça, propugnam, com amor, pela paz e pela felicidade dos povos, e do Brasil como pátria do Evangelho de nosso Senhor Jesus Cristo. São fragmentos extraídos do livro *Militares no Além*, psicografado por Francisco Cândido Xavier no período de 1936 a 1952 em Pedro Leopoldo, Minas Gerais, selecionados e organizados no presente volume como valiosos ensinamentos dos benfeitores da Vida Maior.

ESPÍRITOS DIVERSOS
PSICOGRAFIA DE FRANCISCO CÂNDIDO XAVIER
ORGANIZAÇÃO DE CEZAR CARNEIRO DE SOUZA

REGISTROS IMORTAIS

Registros imortais resgata para a história da Doutrina Espírita o trabalho de desobsessão e de esclarecimento aos desencarnados levado a efeito no Centro Espírita Meimei, fundado por Chico Xavier na Pedro Leopoldo dos anos 50. Por meio da psicofonia, Chico Xavier e diversos outros médiuns receberam mensagens da Vida Maior assinadas por espíritos sofredores e em evolução, em cujo cerne encontramos o Evangelho de Jesus como alicerce seguro para a vida imortal. Complementando as obras *Instruções psicofônicas* e *Vozes do Grande Além*, editadas pela Federação Espírita Brasileira em 1955 e 1957, respectivamente, esse livro é mais um documento importante para o Espiritismo no Brasil e no mundo, testificando a ingente capacidade mediúnica e caritativa do maior médium de todos os tempos e a valiosa contribuição de todos aqueles que com ele conviveram nessas tarefas consoladoras.

ESPÍRITOS DIVERSOS
PSICOFONIA DE FRANCISCO CÂNDIDO XAVIER
ORGANIZAÇÃO DE EUGÊNIO EUSTÁQUIO DOS SANTOS

OBRAS DA FÉ

A Vinha de Luz tem como missão maior a publicação e a divulgação de obras inéditas da lavra mediúnica de Francisco Cândido Xavier. Esse lançamento comemora seus 10 anos de trabalho e traz para o leitor uma seleção de mensagens de espíritos diversos, psicografadas pelo maior médium de todos os tempos, publicadas em 14 livros lançados por ela na última década. São mensagens de bênçãos. Uma obra de fé, que testifica a grandeza do compromisso para com a Doutrina dos Espíritos e para com o Evangelho do Cristo, respondendo ao chamado da tarefa abençoada com o livro espírita e com a preservação e a difusão da vida e da obra de Chico Xavier no Brasil e no mundo.

ESPÍRITOS DIVERSOS
PSICOGRAFIA DE FRANCISCO CÂNDIDO XAVIER
ORGANIZAÇÃO DE JOÃO MARCOS WEGUELIN

PALAVRAS SUBLIMES

A partir de 1930, a história de Chico Xavier começou a ser contada pelas páginas de *Reformador*, a mais antiga publicação voltada para a divulgação do Espiritismo no Brasil. Esse livro traz mensagens de Chico Xavier localizadas em suas edições de 1933 a 1950, psicografias assinadas por espíritos de vulto, como Emmanuel, Humberto de Campos, Bittencourt Sampaio, Abel Gomes, dentre outros, sendo este mais um título da bibliografia do médium mineiro que a Vinha de Luz Editora traz a lume, com a organização do jornalista João Marcos Weguelin, para a preservação da vida e da obra do maior brasileiro de todos os tempos.

ESPÍRITOS DIVERSOS
PSICOGRAFIA DE FRANCISCO CÂNDIDO XAVIER
ORGANIZAÇÃO DE JOÃO MARCOS WEGUELIN

A SAUDADE É O METRO DO AMOR

Esse livro é uma apresentação das seis comunicações mediúnicas de Clóvis Tavares por meio de Chico Xavier, com quem mantinha uma relação de amizade que não pode ser medida pelos padrões humanos. Na intimidade do lar, Clóvis sempre declarou que só se comunicaria mediunicamente através de Chico. Sua família manteve a fidelidade de sua amizade e reconhece nas cartas espirituais a integridade de sua personalidade. Que a obra possa transmitir a você, leitor, o valor doutrinário dessas comunicações, que não se resumem a cartas domésticas, mas a diretrizes para a vida.

PELO ESPÍRITO CLÓVIS TAVARES
PSICOGRAFIA DE FRANCISCO CÂNDIDO XAVIER
ORGANIZAÇÃO DE FLÁVIO MUSSA TAVARES

CHIQUITO

CHIQUITO, da autora portuguesa Julieta Marques, conta um pouco da vida de Chico Xavier em linguagem acessível e direta, num convite ao amor, à humildade e à disciplina exemplificados pelo *médium do século*. Totalmente ilustrado, CHIQUITO é o segundo título da Vinha de Luz Editora voltado à evangelização infantil, que atende, sem dúvida alguma, às *crianças de todas as idades*.

JULIETA MARQUES

CHICO XAVIER —
O MÉDIUM DOS PÉS DESCALÇOS

Chico Xavier foi, durante toda a sua vida, a personificação do bem, do amor ao próximo e da humildade. Nesse livro, Carlos Baccelli relata casos pessoais em torno do médium mineiro e registra, por meio de cartas que agora torna públicas, sua amizade estreita com o maior representante do Espiritismo no Brasil e no mundo. O autor nos coloca em contato muito próximo com Chico Xavier. É como se estivéssemos frente à frente com ele, numa conversa intimista, repleta de ensinamentos. É quase uma conversa ao pé do ouvido — em que podemos sentir de novo, e mais uma vez, a sua insubstituível presença.

CARLOS ANTÔNIO BACCELLI

CHICO XAVIER COM VOCÊ

Chico, mais que médium, era sábio. Em seus lábios, tanto ecoavam lições dos espíritos amigos quanto ensinamentos de sua própria autoria. Aqui, nessas páginas, garimpando em obras, revistas e periódicos antigos, o autor organizou uma coleção de pérolas que, sem dúvida alguma, não figuram em nenhuma outra coleção do mundo. Por isso, certamente, com esse abençoado livro você estará de posse de um tesouro de valor incalculável. Um tesouro que fará de você uma das pessoas mais ricas entre todos os homens!

CARLOS ANTÔNIO BACCELLI

O VOO DA GARÇA —
CHICO XAVIER EM PEDRO LEOPOLDO | 1910-1959

Esse trabalho histórico, do pesquisador pedroleopoldense Jhon Harley, que conviveu por 21 anos com Chico Xavier, é mais uma contribuição para compreender a figura humana do médium mineiro. Utilizando instrumentos e orientações do campo da História, principalmente no que diz respeito ao uso e à interpretação das fontes orais, escritas e iconográficas disponíveis, o autor transitou entre o acadêmico e o poético, fazendo uma analogia entre uma revoada de garças, ocorrida em 2 de abril de 1910, e a permanência de uma delas entre nós.

JHON HARLEY

NAS TRILHAS DA GARÇA —
CHICO XAVIER NAS MINAS GERAIS

Dando continuidade ao seu trabalho de pesquisador, o pedroleopoldense Jhon Harley, utilizando instrumentos e orientações do campo da História, identificou algumas das "trilhas" percorridas por Chico Xavier nas Minas Gerais, principalmente em Uberaba. Mesmo tendo asas, essa "garça", vivendo a sua humanidade, manteve-se com os pés no chão, de bem com a vida, com os homens e consigo mesma. Para o autor, na perspectiva histórica em que a pesquisa se desenvolve, não é um simples gesto que transforma a sociedade em que vivemos, mas a coerência entre o falar e o agir de uma pessoa, associada ao seu poder de mobilização, é que gera uma ação coletiva de proporções inimagináveis. Chico Xavier foi uma dessas pessoas transformadoras. Por isso destaca, parafraseando o biógrafo uberabense Carlos Baccelli, que Chico não foi um anjo exercendo o papel de um homem, mas um homem, do mundo e no mundo, exercendo o papel de um anjo.

JHON HARLEY

Pedro Leopoldo vista por Chico Xavier — 1910 | 1959

49 anos da presença do maior médium de todos os tempos

O que o menino, o jovem e o adulto Chico Xavier vislumbrou em seus primeiros anos de experiências humanas e durante o desabrochar de suas faculdades mediúnicas a serviço do Cristo e da Doutrina dos Espíritos? O que teria o seu cândido olhar registrado pela retina da convivência e da saudade? Esse livro reúne extenso material inédito sobre o maior médium de todos os tempos, com fotografias e documentos recuperados, classificados e arquivados pelo memorialista pedroleopoldense Geraldo Leão, do Arquivo Geraldo Leão, e por Geraldo Lemos Neto, da Casa de Chico Xavier, que retratam principalmente o ambiente socioeconômico e cultural de Pedro Leopoldo dentro do período em que Chico Xavier lá residiu, desde o berço, em 1910, até a sua mudança definitiva para Uberaba, em 1959.

Geraldo Leão | Geraldo Lemos Neto

Célia Lucius, Santa Marina —

Semelhanças entre as biografias católicas e o romance

50 anos depois de Francisco Cândido Xavier e Emmanuel

CÉLIA LUCIUS, SANTA MARINA é a revivescência da vida daquela que Chico Xavier | Emmanuel descreveram no romance *50 anos depois* como "*o lírio que nasceu do lodo das paixões do mundo para perfumar a noite da vida terrestre*" e que a igreja católica canonizou no século V. Aqui, por meio do minucioso e irrefutável estudo biográfico realizado por Flávio Mussa Tavares, filho do saudoso Clóvis Tavares, de Campos | RJ, o leitor se deparará com diversos relatos sobre Célia, confirmando a veracidade da narrativa do médium mineiro nos idos dos anos 40, tal qual previra Emmanuel no prefácio da obra referenciada. Para os espíritas, a consolidação da interexistência de Chico no desdobramento do labor mediúnico a benefício da difusão da Doutrina e sua prática evangelizadora, exemplificando o amor e a humildade legitimamente cristãos. Para os demais, uma reflexão sobre as lutas transitórias da vida física e a realidade além-túmulo — a verdadeira vida de todos nós.

Flávio Mussa Tavares

Evangelho puro, puro Evangelho —

Na direção do Infinito

Seguidor inconteste da Boa Nova do Cristo, e espírita em sua mais pura essência filosófica, Martins Peralva deixou para os estudiosos da Doutrina textos de iluminada sabedoria e reflexão, que foram reunidos no livro *Evangelho puro, puro Evangelho — Na direção do Infinito*, organizado por Basílio Peralva, e que a Vinha de Luz Editora trouxe a lume numa homenagem ao centenário de nascimento do *médium do século*, Francisco Cândido Xavier (1910|2010). A obra, que congrega artigos publicados na imprensa de 1945 a 1999, é indispensável ao homem de boa vontade, abordando temas imprescindíveis a todos os corações que jornadeiam rumo ao progresso espiritual.

Martins Peralva
Organização de Basílio Peralva

ERA UMA VEZ PARA SEMPRE

Voltado à evangelização infanto-juvenil, esse livro é um compêndio de mensagens de graciosa narrativa, que enfeixa os ensinamentos do Cristo sob a ótica do Espiritismo, correlacionados a diversos assuntos de ordem espiritual e humana. Suas personagens principais — crianças sedentas de amor e de conhecimento — encantam pela perseverança no bem, sempre amparadas pela nobre e sábia Vovó Angel, que, como o próprio nome já diz, é um anjo do Senhor em suas vidas de aprendizado rumo à luz.

PELO ESPÍRITO BLANDINA
PSICOGRAFIA DE CARLOS MALAB

ISABEL —
A MULHER QUE REINOU COM O CORAÇÃO

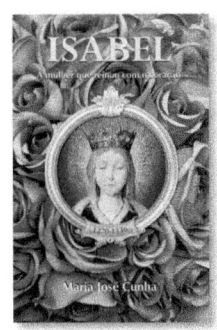

Dois dias após psicografar as primeiras das milhares de páginas através das quais o mundo espiritual se comunicou por seu intermédio, Chico Xavier manteve um revelador encontro com uma ilustre senhora que lhe mudaria o curso de vida. Era D. Isabel de Aragão, mais conhecida como Rainha Santa Isabel, a célebre rainha de Portugal, para sempre associada ao milagre da transformação do pão em rosas. Embora em circunstâncias e contextos distintos, ambos experimentaram o poder, a riqueza, a fama e a adoração, contudo, optaram por viver uma intensa vida interior feita de humildade, perdão, tolerância, paciência, compaixão e caridade como expressões do amor. Esse trabalho avança para além da vida de Isabel de Aragão, apresentando outras duas figuras históricas: Santa Isabel da Hungria e Isabel de Portugal, Duquesa da Borgonha. Colocadas as narrativas das vidas das três personagens lado a lado, emergem repetições e similitudes, nas quais encontramos a essência da reencarnação. Obviamente, caberá a cada leitor fazer o seu juízo de valor perante os fatos, porém, no conjunto das três, verificamos como uma personalidade se desenvolve e se amplia nas ações meritórias, exemplificando o progresso próprio e incessante pela condição moral que apresenta, pois sendo as almas iguais pela filiação são diferentes pela consciência espiritual que revelam. Segundo testificou o próprio Chico sobre D. Isabel de Aragão, *"ela é um dos gênios espirituais protetores da raça luso-brasileira em diversas partes do mundo para que os povos luso-brasileiros conservem a fraternidade cristã que Jesus nos legou"* (Adelino da Silveira, *Chico, de Francisco*, CEU).

MARIA JOSÉ CUNHA

SERVIÇO EDITORIAL

Departamento Editorial da Casa de Chico Xavier
Av. Álvares Cabral, 1777 — 20º andar — Sala 2006
Santo Agostinho | 30170-001 | Belo Horizonte | MG
(31) 2531-3200 | 2531-3300 | 3517-1573

www.vinhadeluz.com.br
informacoes@vinhadeluz.com.br

www.casadechicoxavier.com.br
informacoes@casadechicoxavier.com.br
faleconosco@casadechicoxavier.com.br
atendimento@casadechicoxavier.com.br

Este livro foi composto em tipologia Zapf Humanist, corpo 25, predominantemente.
Capa impressa em papel Supremo 300g e miolo impresso em Couché fosco 90g.
Formato Artes Gráficas Ltda. | Belo Horizonte | Minas Gerais